なかしましほの
ツイートレシピ

はじめに

今はたくさんのレシピをSNSで見られる時代ですが、
私がある企画でレシピツイートを始めた2012年頃は、
まだ珍しい存在だったと思います。
限られた文字数から想像して作る楽しさはじわじわと広がり、
しだいに人気コンテンツとなっていきました。

その後はしばらくツイッター（現X）から遠ざかっていたのですが、
忘れもしない2020年の春、コロナでステイホームを余儀なくされた頃、
お店の営業をお休みすることになりました。
不安な気持ちを抱えながらSNSで情報収集している時、
ちらほらとお店のレシピを公開している方たちを見かけ、
ひょっとしたらまた私のレシピを必要としている人がいるかもしれないと、
今度は自主的にレシピツイートを始めました。

材料を簡単に買いに行ける状況ではなかったので、
以前よりさらに、家にあるもの、少ない工程で作ることを心がけました。

この本は、その当時のレシピを中心に、ほかのSNSでも書き溜めたもの、
あとは新しくプラスしたもの、60のレシピをまとめています。
ツイッターで感じてもらった気軽さはそのままに、
あの頃伝えそびれてしまったポイントをプラスすることで、
もっと楽しんでもらえる内容を目指しました。
ツイート当時から少し変わったレシピは、
今の私のおいしいが基準になっているとご理解ください。

久しぶりのレシピ本となりました。
皆さまに楽しんでもらえますように。

なかしましほ

この本の使い方

ほかの材料で作ってもいい？

なかしま

材料ひとつずつには理由があるので、同じものはできないかもしれません。分量を減らしたり、増やしたりも同様です。レシピの材料がある時に、まずはレシピ通りに作ってみてください。

レシピの倍量で作ってもいい？

なかしま

作業時間や状態が変わるため、同じものはできないかもしれません。作りやすく、食べきれるレシピであることを大切にしていて、「また食べたい」と思ってくり返し作ることで、上手になっていくと思います。

この本での決まりごと

BP
=ベーキングパウダー

卵
=Mサイズ(正味50g)

油
=太白ごま油や米油など、
くせのないもの

ヨーグルト
=プレーンヨーグルト(無糖)

豆乳
=成分無調整のもの

板チョコ
=ビタータイプ

ヘラ
=耐熱のゴムベラ

フライパン
=フッ素樹脂加工のもの

型や天板
⇒オーブンシートを敷く
＊マフィン型には紙カップを

◎**レンジ**=電子レンジ(600W)

◎**湯せん**=60℃くらいのお湯にあてること

◎**オーブン**⇒レシピの温度に予熱する

◎**オーブンの焼き時間**⇒目安なので、まん中に竹串を刺す(べたべたした生地
がつかない)／表面にはりがある／よい焼き色がつく　まで焼いて

・大さじ1=15㎖、小さじ1=5㎖、1カップ=200㎖です。
・「ひとつまみ」とは、親指、人さし指、中指の3本で軽くつまんだ量。
・電子レンジの加熱時間は、500Wの場合は1.2倍の時間を目安にしてください。
　機種によっては、多少差が出ることもあります。

もくじ

【1章】焼き菓子

【2章】フライパンおやつ

【3章】冷たいおやつ

【4章】パンおやつ＆おかずパン

【5章】そのほかのまいにちのおやつ

【6章】おかずとごはん

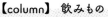

【column】 飲みもの

【column】 おいしいアイデア

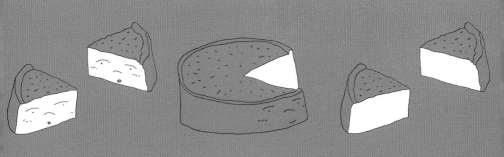

【1章】

焼き菓子

ツイートレシピの中でも、
とりわけ人気だったのは焼き菓子たち。
クッキー、スコーンなどの定番のおやつは、
世にたくさんのレシピがありますが、
ふつう（なんてことない、素朴な）が好きです。
ふつうなら、気楽に作ってもらえますよね。

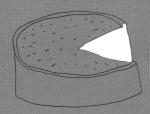

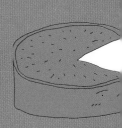

大好きなスコーン

３種類の粉が入ることで完成する、私のいちばん好きなスコーンのレシピです。
まずは焼きたてに何もつけず、食べてみてください。
大きく焼くと、粉のうまみや香ばしさもしっかり感じられると思います。

A 薄力粉 ─── 80g
強力粉 ─── 40g
全粒粉 ─── 20g
きび砂糖 ─── 30g
BP ─── 小さじ山盛り1
バター（有塩）─── 40g
牛乳 ─── 60g

作り方

ボウルに A を入れ、泡立て器でさっと混ぜる。

冷たいバターを 1㎝角に切って加え、フォークで細かくつぶし、さらに指先で手早く粉とすり合わせる。米粒大になればOK。

牛乳を加え、練らないように手で混ぜ、ひとまとめにする（牛乳は加減する）。＊ここまでフードプロセッサーでもOK

手で厚さ 2.5㎝にぽんぽんとのばし、4 等分に切る。天板にのせ、180℃のオーブンで 22 分焼く。

おまけの
コツ

＊バターは溶けると食感が悪くなるので、手早く粉とすり合わせてください
＊生地をこねずに焼くのが、ふんわり食感に仕上げるポイント
＊冷めてから食べる時はリベイクしてください(p127参照)

しっとりスコーン

ツイッターでは「リッチなスコーン」として紹介した、生クリームで作るスコーン。
しっとりとふんわりがちょうどよく合わさった生地は、冷めてもやわらかく、
食べやすいのが魅力。クセのない味わいなので、お好きなジャムと一緒にどうぞ。

材料（3〜4㎝角 8個分）

A │ 薄力粉 ── 100g
　 │ 強力粉 ── 40g
　 │ グラニュー糖 ── 20g
　 │ BP ── 小さじ山盛り1
　 │ 塩 ── ひとつまみ
　 生クリーム（乳脂肪分35％）── 130g

作り方

ボウルに **A** を入れ、泡立て器でさっと混ぜる。

生クリームを加え、ヘラで手早く切るように混ぜる。

粉気がなくなったら、手でぎゅっとつかんでひとまとめにし、「半分に切って重ねて押す」を3回くり返し、生地の状態を均一にする（p27のa 参照）。

手で厚さ2㎝にぽんぽんとのばし、8等分に切る。天板にのせ、好みで溶き卵（分量外）を塗り、180℃のオーブンで16分焼く。

＊半分にして重ねることで、生地がなめらかになり、層が生まれます。重ねすぎるとふくらみにくくなります
＊等分にしたあと、断面を触らないようにするときれいにふくらみます

おまけの
コツ

ふつうのクッキー

バターたっぷりのさくさく軽いクッキーも好きですが、普段のおやつに食べるなら、
甘さ控えめで粉の風味が感じられる、そっけないくらいシンプルなものが好きです。
生地を寝かせず、すぐに成形できるのも魅力。好きな型で楽しんでくださいね。

材料（直径4㎝菊型 約30枚分）

バター（食塩不使用）…… 50g

きび砂糖 …… 30g

塩 …… ひとつまみ

A ｜ 薄力粉 …… 70g
　｜ 強力粉 …… 25g
　｜ 全粒粉 …… 25g

牛乳 …… 大さじ1

作り方

バターはレンジに10秒ずつかけ、溶かさないようにやわらかくし、ボウルに入れてヘラでクリーム状に練る。砂糖と塩を加え、なじむまで混ぜる。

Aを加えて切るように混ぜ、色が変わってしっとりしてきたら（a）、牛乳を加える。手でぎゅっとつかんでひとまとめにする（b）。＊牛乳は加減する

めん棒で5㎜厚さにのばし、型で抜き、ラップをかけて冷蔵室で30分休ませる。

天板にのせ、170℃のオーブンで薄く焼き色がつくまで15分焼く。

おまけの
コツ

＊バターは溶けると食感が悪くなるので、少しずつ様子を見ながら加熱を
＊厚さをきちんと測ると、仕上がりに差が出ます（「無印良品」の竹箸を互い違いに置き、間に生地を置いてのばすと、ちょうど5㎜に）。しっかり中まで焼ききることで、ざくざくおいしい食感に。好みで箸や竹串で穴をあけてください

【 ふつうのクッキーのアレンジで 】

手びねりのりんごタルト

クッキー生地を土台に、型を使わずに手で成形するタルトです。
お店のショーケースに並ぶお菓子とは違う、素朴だけれど味はとびきり、
お家のおやつならではのおおらかな魅力があります。

「ふつうのクッキー」の生地(p15参照) ⋯⋯ 全量
【アーモンドクリーム】
　バター（食塩不使用） ⋯⋯ 30g
　きび砂糖 ⋯⋯ 30g
　卵 ⋯⋯ 30g（約½個分）
　アーモンドパウダー ⋯⋯ 30g
りんご（紅玉・皮ごと） ⋯⋯ 1個弱

作り方

「ふつうのクッキー」の生地を作り、オーブンシートの上でめん棒で3mm厚さ（直径25㎝）にのばす。フォークで全体に穴をあける。

アーモンドクリームを作る。バターはレンジに10秒ずつかけてやわらかくし、ボウルに入れてヘラでクリーム状に練る。砂糖⇒卵（少しずつ）⇒アーモンドパウダーの順に混ぜる。

生地の上にクリームを直径18㎝に広げ(a)、5mm厚さにスライスしたりんごを並べる。紙ごと生地を持ち上げ、ひだを寄せて包む(b)。ラップをかけて冷蔵室で30分休ませる。

天板にのせ、りんごにきび砂糖（分量外）をふり、170℃のオーブンでよい焼き色がつくまで50分〜1時間焼く。

おまけの
コツ

＊焼きたてにジャム（あんず、りんご、ベリーなど）を全体に塗ると、ツヤと風味がよくなります
＊中まで火が通るのに時間がかかるので、りんごは重ねすぎないようにし、じっくり焼いてください

板チョコで作るチョコクッキー

「焼きチョコ」みたいな、しっかりチョコ味のクッキーが食べたいなと思って
考えたレシピです。薄く焼くことで生まれる、
ざくざく、ぽりぽりとした食感も気に入っています。

A | 薄力粉 ─── 100g
　　　粉砂糖 ─── 25g
　　　ココア ─── 10g
　　　アーモンドパウダー ─── 10g
B | 板チョコ ─── 1枚（50g）＊ぽきぽき割る
　　　バター（有塩）─── 30g
　　　牛乳 ─── 大さじ1

作り方

ボウルに **A** を入れ、泡立て器でぐるぐる混ぜる。

Bを湯せんにかけてなめらかに溶かし、**A** に加えてヘラで切るように混ぜる。

全体がぽろぽろしてきたら牛乳を加え、手でぎゅっとつかんでひとまとめにする（牛乳は加減する）。

めん棒で5㎜厚さにのばし、型で抜いて天板にのせ、170℃のオーブンで12 〜 14 分焼く。

＊生地は冷やしたり、長くおくとのびにくくなるので、作ったらすぐに型で抜いてください
＊つながりが弱い生地なので、シンプルな型が抜きやすいです（写真は梅型のまん中を直径1㎝の口金で抜いています）
＊チョコレートは、苦みが強くないものが合います

おまけの
コツ

ルベンクッキー （韓国風ソフトクッキー）

韓国のカフェでよく見かけるクッキー。「ルベン」はルヴァン（大きなクッキーが人気のアメリカのお店）のこと。表面はさっくり、中はしっとり。これと「アア」（アイスアメリカーノ）をセットに、みんなおしゃべりを楽しんでいます。

材料（直径8cm 5枚分）

バター（食塩不使用）── 40g
きび砂糖 ── 40g
塩 ── 少々
卵 ── 25g（½個分）
A｜薄力粉 ── 40g
　｜強力粉 ── 40g
　｜BP ── 小さじ¼
板チョコ ── 1枚（50g）＊粗く刻む
くるみ（ロースト）── 50g ＊粗く刻む

作り方

バターはレンジに10秒ずつかけ、溶かさないようにやわらかくし、ボウルに入れてヘラでクリーム状に練る。砂糖⇒塩⇒卵（2回に分けて）の順に加え、そのつどなじむまで混ぜる。

Aを合わせてふるい入れ、切るように粉気がなくなるまで混ぜ、チョコとくるみも加えてさっと混ぜる。ラップで包み、冷蔵室で30分休ませる。

5等分して丸め、直径6cmにつぶして天板にのせ、170℃のオーブンで薄く焼き色がつくまで15〜18分焼く。

おまけの
コツ

＊チョコレートは、好みでビターやスイートなどを混ぜて使うのもおすすめ
＊ナッツはくるみ以外に、カシューナッツやピーカンナッツでも
＊しっとり感が残るよう、短時間で焼き上げます

#焼き菓子

ディルとレモンの
ショートブレッド

庭でもりもり育つディルがお菓子にも使えないかなと、考えたのがはじまりでした。
バターと相性がよいので、たっぷり入れるとおいしい！　レモンの香りがアクセント。
ショートブレッドらしく白く焼き上げるため、低温でじっくり火を通します。

材料（6×3㎝ 8個分）

バター（食塩不使用）―― 60g ＊発酵バターがおすすめ
粉砂糖 ―― 30g
塩 ―― ひとつまみ
薄力粉 ―― 100g
ディル ―― 2枝 ＊軸を除いて細かく刻む
レモンの皮（国産のもの）―― ⅓個分 ＊すりおろす

作り方

バターはレンジに10秒ずつかけ、溶かさないようにやわらかくし、ボウルに入れてヘラでクリーム状に練る。砂糖と塩を加え、なじむまで混ぜる。

さらに、泡立て器でふんわりするまでしっかり混ぜる。

粉をふるい入れ、ヘラで切るように混ぜる。全体がぽろぽろしてきたら、ディルとレモンを加え、手でぎゅっとつかんでひとまとめにする。

めん棒で12㎝角にのばし、横半分、縦4等分に切り目を入れ、竹串で4つずつ底まで穴をあける。ラップをかけて冷蔵室で1時間休ませる。

天板にのせ、150℃のオーブンで薄く焼き色がつくまで50分焼く。熱いうちにナイフでカットする。

おまけの
コツ

＊カットした時に切り口がふわふわとやわらかければ、天板に間隔をあけて並べ、10〜15分焼き足して

米粉のバナナマフィン

焼きたては生地がやわらかく、味もなんだか落ち着かないので、
しっかり冷ましてからが本領発揮のマフィンです。
米粉を使うことで小麦粉とは違う、じゅわっとしっとり感のある食感になります。

バナナ ⸺ 小1本（正味80g）

A 卵 ⸺ 1個
きび砂糖 ⸺ 30g
油 ⸺ 25g

B 米粉（製菓用）⸺ 65g ＊「ミズホチカラ」がおすすめ
アーモンドパウダー ⸺ 15g
BP ⸺ 小さじ⅔

作り方

ボウルにバナナをちぎり入れ、フォークでていねいにつぶす。Aを加え、泡立て器でよく混ぜる。

Bを加え、よく混ぜる。しっかり混ぜてとろりとなめらかになればOK。

型に流し入れ、170℃のオーブンでよい焼き色がつくまで22分焼く。

＊バナナは、皮が真っ黒になるまで熟したものは、生地が重く詰まって焼き上がることも。皮に少し斑点が出たくらいがベストです
＊米粉にはグルテンがないので、混ぜすぎてもふくらみに影響しません。安心してしっかり混ぜてください

おまけのコツ

ふんわりビスケット

表面はさくっと、中はふんわり。日本ではファストフード店の
サイドメニューとしておなじみの、やわらかいスコーンのようなビスケット。
ツイート時はイーストを使いましたが、よりふんわり感が出るように調整しました。

A 薄力粉 ── 120g
　　きび砂糖 ── 20g
　　BP ── 小さじ1
B バター（有塩）── 20g ＊湯せんかレンジで溶かす
　　油 ── 10g
C ヨーグルト ── 30g
　　水 ── 30g

作り方

ボウルに**A**を入れ、ヘラでざっと混ぜる。

Bを加えてざっと混ぜ、さらに指先で粉とすり合わせてかたまりをほぐす。全体がしっとりしたらOK。

Cを加えてヘラでひとまとめにし、ラップで包んで冷蔵室で1時間休ませる。

「半分に切って重ねて押す」（a）を3回くり返し、手で厚さ2cmにぽんぽんとのばし、型で抜く（3等分に切ってもOK）。天板にのせ、190℃のオーブンで15分焼く。

a

＊熱々にバターをのせて、メープルシロップをたっぷりかけて食べるのが好きです
＊グラスで抜き、まん中に指で穴をあけて作ってもOK
＊2種類の油脂を使うことで、やわらかな食感に。水分はあえて「水」にすると、生地が詰まらず、ふんわり焼き上がります
＊冷めてから食べる時はリベイクしてください（p127参照）

おまけのコツ

ちいさく作る
チョコパウンドケーキ

一見地味だけれど、実力のあるチョコレートケーキ。「くり返し作ってます」と
言われることがとても多いんです。ガトーショコラともブラウニーとも違う、キメ細かく
ふわっと口溶けのよい生地感が魅力です。冷蔵庫で冷やして食べるのがおすすめ。

材料（14.5×8.5×6cm パウンド型）

A | 卵 ┈ 80g（約1½個分）
　 | きび砂糖 ┈ 30g
B | 薄力粉 ┈ 35g
　 | アーモンドパウダー ┈ 10g
　 | ココア ┈ 小さじ2
　 | BP ┈ 小さじ¼
C | 板チョコ ┈ 1枚（50g）＊ぽきぽき割る
　 | バター（食塩不使用）┈ 40g
　 | 牛乳 ┈ 大さじ1
　 | ⇒湯せんで溶かす

作り方

ボウルに **A** を入れ、湯せんにかけてハンドミキサーの高速で泡立てる。人肌に温まったら湯せんからはずし、もったり積み重なるまで泡立てる。さらに低速で1分泡立て、キメを整える。

B をふるい入れ、ヘラで切るように粉気がなくなるまで混ぜる。

C に生地をひとすくい加え、ヘラでしっかりなじませたら、ボウルに戻し入れ、なめらかになるまでさっと混ぜる。

型に流し入れ、170℃のオーブンで30分焼く。

＊ココアとチョコを加えてからは、油分で気泡が消えやすくなります。手早く混ぜてください
＊マフィン型（3〜4個分）などで22分くらい焼いてもOKです

おまけの
コツ

らくちんアップルパイ

どんどん材料を混ぜるだけでパイのような層が生まれる、簡単で不思議なレシピ。
よーく冷やした生地を高温で焼くのが、さくさくにするコツ。やわらかくダレた
生地のまま焼くと、かたい食感になります。焼きたてにアイスを添えるのがおすすめ。

材料（約20cm角）

薄力粉 ── 80g
A ｜ バター（有塩）── 50g
　 ｜ 牛乳 ── 20g
りんご（紅玉・皮ごと）── 1個
B ｜ グラニュー糖 ── 大さじ1
　 ｜ シナモンパウダー ── 少々

作り方

ボウルに薄力粉を入れて泡立て器で混ぜ、**A** を小鍋で溶かして加え、ヘラで切るように粉気がなくなるまで混ぜる。

ラップで包んで冷蔵室で 30 分休ませ、めん棒で2mm厚さ（20cm角）にのばし、さらに冷蔵室で 30 分休ませる。

天板にのせ、フォークで全体に穴をあけ、4mm厚さにスライスしたりんごを 2 列に並べる。混ぜた **B** をふり、190℃のオーブンで 30 分焼く。

*2mmはかなり薄いですが、さくさくにしっかり焼き上げるポイントです。測って作ってみてください
*火が通りやすいよう、りんごは重なりすぎないように並べます

おまけの
コツ

おからブラウニー

小麦粉不使用、おからパウダーで作る、とってもしっとりなブラウニー。
おからをお菓子に？とちょっと不安な人たちを、一瞬で虜にした人気レシピ。
冷蔵庫で冷やして食べるのがおすすめです。

おからパウダー ── 10g
牛乳または豆乳 ── 40g
きび砂糖 ── 40g
卵 ── 1個
油 ── 30g
ココア ── 10g
板チョコ ── 1枚（50g）＊湯せんで溶かし、保温しておく

作り方

ボウルに上から順に入れ、泡立て器でそのつどなじむまで混ぜ、型
に流し入れ、170℃のオーブンで20分焼く。

おまけの
コツ

＊おからパウダーについて。微細タイプでないもののほうが、ほどよく
　やわらかい食感に焼き上がります
＊混ぜ終わりで生地がもったりとかたい時は、ぬるま湯にあてて混ぜ
　ると、型に流しやすくなります

バターカステラ

スポンジケーキよりしっとり、パウンドケーキより軽やか、そんなバター風味の
カステラです。卵をしっかり泡立ててから、ていねいに粉を混ぜることで、
キメ細かい生地に。甘さ控えめのクリームや、酸味のあるジャムを添えて。

卵 ─── 90g（約2個）
上白糖 ─── 60g
薄力粉 ─── 60g ＊「スーパーバイオレット」がおすすめ
A │ バター（食塩不使用）─── 30g ＊発酵バターがおすすめ
　│ はちみつ ─── 10g
　│ 牛乳 ─── 10g
　⇒湯せんかレンジで溶かす

作り方

ボウルに卵と砂糖を入れ、ハンドミキサーの
高速で泡立てる。もこもこになり、持ち上げ
た時にすぐに消えなくなったら（a）、低速で
1分泡立ててキメを整える。

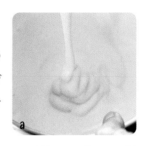

a

粉を3回に分けてふるい入れ、ヘラで切るように混ぜ、最後はツヤ
が出るまでしっかり混ぜる。

A に生地をひとすくい加え、ヘラでしっかりなじませたら、ボウルに
戻し入れ、なめらかになるまでさっと混ぜる。

型に流し入れ、170℃のオーブンで25〜30分焼く。

＊生地を入れたら、型ごと10㎝上から台に1回落として中の
　空気を抜き、焼き上がりも同様にして焼き縮みを防ぎます
＊表面が大きく割れる時は、オーブンの上火が強かったり、
　粉を入れたあとの混ぜ方が足りていないかもしれません
＊型から出し、側面の紙をはずして冷まし、粗熱がとれたら
　ビニール袋にふんわり入れます

おまけの
コツ

【 バターカステラのアレンジで 】
パイナップルケーキ

底に並べたパイナップルが、どこかレトロな雰囲気でかわいらしいケーキです。
ラップで包んで冷蔵庫でしっかり冷やすと、果汁がなじんでしっとりおいしいです。

材料（直径15cm丸型）

バターカステラの生地（p35参照）
　…… 全量
パイナップル
　（缶詰・生地に混ぜる）…… 3枚
　*細かく刻み、水気をぎゅーっと絞る
パイナップル（缶詰・底に敷く）…… 3枚
　*水気をしっかりふく。
　2枚は半分に切る
チェリー（缶詰）…… 5個
　*水気をしっかりふく

作り方

型の底にパイナップルとチェリーを並べる。

生地はバターカステラと同様に作り、バターを混ぜるタイミングで刻んだパイナップルも加えてさっと混ぜ、同様に焼く。

【 2章 】
フライパンおやつ

パンを日常的に買う習慣のないわが家では、
朝起きてからでもすぐに焼くことができる
ホットケーキをよく作ります。
ずっと焼き続けてきて、
自信を持っておすすめするレシピたち。
軽食にもなる、フライパンおやつをご紹介します。

３時のホットケーキ

おやつの時間にぴったりな、ちょっぴり甘めで厚さのあるふわふわホットケーキ。
レトロな喫茶店にありそうな、昔懐かしい味わいです。
生クリームが入ることで、ふわっと軽い食感になります。

材料（直径17㎝ 2枚分）

A | 卵 ── 1個
　| きび砂糖 ── 60g
　| 油 ── 10g
　| 生クリーム（乳脂肪分40％以上）── 50g
　| 牛乳 ── 80g
B | 薄力粉 ── 140g
　| BP ── 小さじ1½
　| 塩 ── ひとつまみ

作り方

ボウルに **A** を順に入れて泡立て器で混ぜ、**B** を合わせてふるい入れ、粉気がなくなるまで混ぜる。

フライパンに油少々（分量外）を熱し、お玉2杯分の生地を流し入れ、弱火で焼く。

ふちから中心に向かって気泡が出て、裏によい焼き色がついたら裏返し、同様に焼き色がつくまでじっくり焼く。

《 ホットケーキ 共通のポイント 》

◎生地は無理に広げず、1点に落とすと、自然にまん丸に広がります
◎続けて焼く時は、フライパンが熱くて色づきが早いので、ぬれ布巾の上で軽く熱をとってから生地を流してください
◎まん中に竹串をゆっくり刺し、べたべたした生地がつかなければ火は通っていますが、そこからもうひと呼吸焼いたほうが、しっとりとふんわりのバランスがよくおいしいです

同じ生地で蒸しパンも

同じ生地で蒸しパン（5〜6cm大8個）も作れます。シリコン型なら多めに油を塗り、プリンカップなら紙カップを敷き、生地を七分目まで流し入れ、蒸気の出た蒸し器の強火で10分〜蒸します。

©OSAMU HARADA/KOJI HONPO

＊中まで火が通りにくく、焼き色がつきやすいので、弱火でゆっくり焼いてください
＊砂糖を少量加えて泡立てた生クリームとジャムを添えて

おまけのコツ

チョコレートケーキのような ホットケーキ

食べた人が皆、「これ、チョコケーキですね！」と笑顔になるホットケーキ。
バターではなくホイップクリームやチョコソースが合うので、たっぷりかけてください。
バナナやいちごをサンドして、ケーキのように仕立ててもかわいいです。

A │ 卵 ⋯⋯ 1個
　 │ きび砂糖 ⋯⋯ 60g
　 │ 生クリーム（乳脂肪分40%以上）⋯⋯ 100g
　 │ 牛乳 ⋯⋯ 50g
B │ 薄力粉 ⋯⋯ 100g
　 │ ココア ⋯⋯ 20g
　 │ アーモンドパウダー ⋯⋯ 10g
　 │ BP ⋯⋯ 小さじ1

作り方

ボウルに A を順に入れて泡立て器で混ぜ、B を合わせてふるい入れ、粉気がなくなるまで混ぜる。

フライパンに油少々（分量外）を熱し、お玉1杯分の生地を流し入れ、弱火で焼く。

ふちから中心に向かって気泡が出て、裏に薄く焼き色がついたら裏返し、同様に焼き色がつくまでじっくり焼く。

おまけの
コツ

＊ココア色で焼き色がわかりにくく、こげやすいので、必ず弱火でゆっくり焼いてください
＊冷めたら、砂糖を少量加えて泡立てた生クリームをのせて重ね、市販のチョコレートソースをかけます

重曹ホットケーキ

ステイホームで皆さんが家でお菓子やパンを作っている時、薄力粉やBPが売り切れた
ことがありました。それなら中力粉（地粉）と重曹でおいしくできますよ！と
紹介したレシピ。堅そう（真面目そう?）な名前ですが、軽い食感が魅力です。

材料（直径12㎝　4枚分）

A ┌ 卵 ⎯⎯ 1個
　　│ きび砂糖 ⎯⎯ 大さじ2
　　│ 油 ⎯⎯ 10g
　　│ ヨーグルト ⎯⎯ 50g
　　└ 牛乳 ⎯⎯ 100g
B ┌ 中力粉（地粉）⎯⎯ 120g
　　└ 重曹 ⎯⎯ 小さじ1

作り方

ボウルに**A**を順に入れて泡立て器で混ぜ、**B**を合わせてふるい入れ、さっと混ぜる。

フライパンに油少々（分量外）を熱し、お玉1杯分の生地を流し入れ、弱火で焼く。

ふちから中心に向かって気泡が出て、裏によい焼き色がついたら裏返し、同様に焼き色がつくまでじっくり焼く。

*子どもの頃食べた、懐かしいホットケーキの香りがします
*熱いうちにバターをのせ、メープルシロップをかけて食べます

重曹は「ベーキングソーダ」とも呼ばれ、炭酸ガスの力で重たい生地をふくらませる。加えると、独特の風味と色みに。

おまけの
コツ

おとうふパンケーキ

ツイッターで紹介した時よりも豆腐を増やし、さらに米粉も使って、
しっとり、もっちりの食感に。このパンケーキだけは焼き色を薄めにしたほうが、
お豆腐のよさが引き立つ気がします。熱々にたっぷりのきなこバターが至福です。

木綿豆腐 ── ⅓丁（100g）
卵 ── 1個
きび砂糖 ── 40g
油 ── 10g
水 ── 50g
米粉（製菓用） ── 100g ＊「ミズホチカラ」がおすすめ
BP ── 小さじ1
塩 ── ひとつまみ

作り方

豆腐はざるでこしてボウルに入れ、残りの材料を順に加え、泡立て器でなめらかになるまで混ぜる。＊材料をすべてフードプロセッサー（またはハンディブレンダー）でなめらかにしてもOK

フライパンに油少々（分量外）を熱し、お玉1杯分の生地を流し入れ、弱火で焼く。

ふちから中心に向かって気泡が出て、裏に薄く焼き色がついたら裏返し、同様に焼き色がつくまでじっくり焼く。

きなこバター（作りやすい分量）

生クリーム ── 50g
バター（有塩） ── 50g
きなこ ── 大さじ2

生クリームは軽く筋が残るまで泡立てる。クリーム状に練ったバターに3回に分けて加え、ヘラでよく混ぜ、きなこも混ぜる。

ホットク （韓国風おやき）

おだんごみたいなもっちり生地を、ぎゅっとつぶして薄く焼いた、韓国の屋台おやつ。
甘いのもしょっぱいのもありますが、砂糖が溶けて蜜のように出てくる「蜜ホットク」が
いちばん好き。絶対熱いってわかっているのに、でも待てないくらいおいしいんです。

A｜ぬるま湯 ⋯⋯ 80g ＊人肌くらい
　｜ドライイースト ⋯⋯ 小さじ½
　｜白玉粉 ⋯⋯ 20g ＊かたまりはめん棒などでたたく
　｜きび砂糖、油 ⋯⋯ 各大さじ1
　｜塩 ⋯⋯ 少々
B｜薄力粉 ⋯⋯ 120g
　｜BP ⋯⋯ 小さじ½
C｜きび砂糖 ⋯⋯ 大さじ3
　｜ピーナッツ（細かく刻んで）⋯⋯ 大さじ2
　｜シナモンパウダー ⋯⋯ 小さじ¼

作り方

ボウルに**A**を順に入れ、泡立て器でなじむまで混ぜる。**B**を加えてヘラでまとまるまで混ぜ、暖かい場所で45分発酵させる。

4等分して丸め、手に油（分量外）をつけて直径6cmにつぶし、混ぜた**C**を押し込むようにして包み（a）、しっかりとじる。

フライパンに油大さじ2（分量外）を熱し、弱火で焼く。よい焼き色がついたら裏返し、ヘラでぎゅーっと押しつけてつぶし（b）、よい焼き色がつくまで両面をじっくり焼く。

＊砂糖が熱でゆっくり溶けて蜜になるので、じっくり焼いてください
＊具はあんこやチーズ、肉まんの具でも
＊暖かい場所＝ボウルに入れた生地をラップをせずに電子レンジに入れ、脇に熱湯を入れたマグカップを置きます

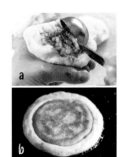

おまけのコツ

ジンジャーグラノーラ

フライパンで作るグラノーラ。鼻をきかせて、香ばしくなる瞬間を逃さないように。色づくのを見逃さないように。思いっきり五感を集中して作ります。

材料（約1カップ分）

オートミール ── 100g
　＊粒が小さめで、
　火が通りやすい
　クイックタイプが
　おすすめ
A｜メープルシロップ ── 40g
　｜バター（有塩）── 30g
　｜しょうがのすりおろし
　｜── 大さじ1
ナッツ（ロースト・
　好みのもの）── 50g
　＊好みの大きさに刻む

作り方

フライパンにオートミールを入れ、ヘラで混ぜながら弱火でから炒りする。5〜7分して香ばしいにおいがしてきたら取り出す。

続けてAを入れて弱火にかけ、バターが溶けて全体が沸騰したらオートミールを加え、ヘラでほぐすように混ぜる。こげつきやすいので気をつけながら、カサカサになり薄く色づくまで8〜10分炒る。

ナッツを混ぜ、バットに広げて冷ます。

【 3 章 】

冷たいおやつ

冷蔵庫にいつもある牛乳や豆乳にプラスして、
ささっと作れる冷たいおやつ。
容器で作ってざくっとすくったり、
グラスや型で作れば、特別感も出せたり。
寒天とゼラチン、それぞれの違いを
楽しんでもらえるよう考えました。

ドリップバッグでコーヒーゼリー

ドリップバッグはもらうことが多いので、あっというまにストックがたくさん。
ゼリーにしたら、浅煎りも深煎りもおいしく楽しめるようになりました。
バニラアイスは、ぜひ添えてくださいね。

グラニュー糖 ── 小さじ1
粉ゼラチン ── 小さじ⅓(1g)
市販のドリップバッグコーヒー ── 1袋(10〜12g)
熱湯 ── 80g
市販のバニラアイス ── 好きなだけ

作り方

耐熱グラスに砂糖とゼラチンを入れ、スプーンで混ぜる。

上にドリップバッグをセットし、熱湯で蒸らしながらぽたぽたゆっくり注ぐ（目安として60〜65gになる）。菜箸などで底をしっかり混ぜてゼラチンを溶かす。

粗熱がとれたら冷蔵室で2時間以上冷やし固め、アイスをのせる。

おまけの
コツ

＊ちゃんと固めるために、必ず熱湯を使い、菜箸などでゼラチンを
　しっかり溶かして
＊グラスをバットなどに入れて氷水にあて、冷やしてから冷蔵室に
　入れると、早く固まります
＊ちょっぴり入れた砂糖で味が安定します

豆花
トウファ

台湾で食べた豆花を家でも食べられたら。硫酸カルシウム(にがり風のもの)がなくても、
同じにできないかとぐるぐる試行錯誤した結果、豆腐を足したら近い食感に。
薄甘く、豆腐とも違う、この食感が家で食べられるのは、うれしいですね。

A | 豆乳 ── 300g
　| 絹ごし豆腐 ── ⅓丁（100g）＊ざるでこす
　| きび砂糖 ── 大さじ1
　粉ゼラチン ── 小さじ1½ ＊水大さじ1と混ぜておく
【シロップ】
　| きび砂糖 ── 50g
　| 水 ── 1カップ
　⇒ひと煮立ちさせて砂糖を溶かし、冷ます

作り方

鍋に A を入れて弱めの中火にかけ、ヘラで時々混ぜ、鍋肌がふつふつする直前に火を止め、ゼラチンを加えて溶かす。

ボウルに入れて混ぜながら氷水にあて、冷たくなったら冷蔵室で2時間以上冷やし固める。

器に盛り、好みのトッピングとシロップをかける。

《 トッピングあれこれ 》

◎煮あずき（p83または市販品）⇒ざるに上げ、熱湯をさっと回しかけて汁けをきる
◎芋圓（ユーユェン・さつまいもだんご）⇒さつまいも（正味）100gをひと口大に切り、ラップをかけてレンジで3分加熱し、つぶして冷ます。白玉粉30g、片栗粉20gに加えてこね、水大さじ1〜2を加えて耳たぶくらいのかたさにし、直径1.2㎝に細長くのばしてひと口大に切る。熱湯に入れ、浮かんできたらさらに1分ゆでて冷水にとる

いちごソースの豆花風

食感は豆花だけれど、いちごに合うようアレンジしたので豆花風。
豆乳ではなく牛乳を使うことで、バランスがよくなり、
甘酸っぱいソースとつないでくれる気がします。ここにあずきを添えるのもおすすめ。

材料（3～4人分）

A │ 絹ごし豆腐 ── ⅓丁（100g）
　│ 牛乳 ── 300g
　│ きび砂糖 ── 大さじ1
　粉ゼラチン ── 小さじ1½ ＊水大さじ1と混ぜておく
【いちごソース】
　│ いちご ── ½パック（150g）＊大きければ縦半分に切る
　│ きび砂糖 ── 60g（いちごの重さの40%）
　│ レモン汁 ── 少々

作り方

豆腐はざるでこしてボウルに入れ、残りのAを加えて泡立て器で混ぜる。＊Aをすべてミキサー（またはハンディブレンダー）でなめらかにしてもOK

耐熱ボウルに入れ、ラップをせずにレンジで2分30秒、60℃まで加熱する。ゼラチンを加え、しっかり溶けるまで混ぜる。

混ぜながら氷水にあて、冷たくなったら冷蔵室で2時間以上冷やし固める。

いちごソースの材料を耐熱ボウルに入れ、ラップをかけてレンジで加熱し（砂糖が溶けたらOK）、冷ます。器に盛った豆花風にかける。

おまけの
コツ

＊温度が低すぎても高すぎても、うまく固まりません。
沸騰させず、しっかり熱くなるまで加熱してください

大きいふつうのプリン

ツイッターでは「ふつうのプリン」として、たくさん作ってもらったレシピです。
友人が遊びに来た時は、ちょっと大きめに焼くと少し特別感も出て喜ばれるので、
最近はこちらのサイズが増えました。ふつう(素朴な)がうれしいプリンです。

【カラメルソース】
│ グラニュー糖 ⸻ 50g
│ 水 ⸻ 大さじ1
│ 湯 ⸻ 大さじ1
A │ 卵 ⸻ 3個
│ 卵黄 ⸻ 3個分
│ きび砂糖 ⸻ 40g
│ グラニュー糖 ⸻ 30g
牛乳 ⸻ 530g

作り方

カラメルソースを作る。小鍋に砂糖と水を入れて中火にかけ、時々揺すりながら濃い茶色になったら火を止め、湯をそっと注ぐ（はねるので注意）。型に流して全体に広げ、固まるまで冷ます。

ボウルに A を入れ、泡立て器ですり混ぜる。牛乳を鍋肌に小さな泡が出るまで温めて混ぜ、型にこし入れる。

バットに型を入れ、湯（60℃くらい）をバットの高さの⅓まで張り、アルミホイルをかぶせて150℃のオーブンで1時間焼く。＊やさしく型を揺すり、表面がゆるく揺れる（中から液体が出ない）状態になればOK。粗熱がとれたら、冷蔵室で半日冷やす。

＊砂糖を少量加えて泡立てた生クリームを
　添えるのがおすすめ
＊型から出す時は、型にそってナイフで1周⇒
　皿をかぶせてひっくり返します

おまけの
コツ

夏プリン

いつ作ってもおいしいけれど、つるんとした食感はとりわけ夏に合いそうなので、
夏プリン。ゼラチンではなく、少量の寒天で生まれる食感が気に入ってます。
あとがけカラメルって、子どもの頃食べた「プリンミクス」を思い出しますね。

A ｜ 卵黄 ⸺ 2個分
｜ きび砂糖 ⸺ 大さじ2
｜ 生クリーム ⸺ 50g
B ｜ 牛乳 ⸺ 250g
｜ 粉寒天 ⸺ 小さじ½
｜ バニラビーンズ（なければバニラオイル）⸺ 少々
【カラメルソース】
｜ グラニュー糖 ⸺ 大さじ2
｜ 水 ⸺ 小さじ1
｜ 湯 ⸺ 大さじ2

作り方

ボウルにAを入れ、泡立て器ですり混ぜる。

鍋にBを入れて弱火にかけ、ヘラで鍋底を混ぜながらひと煮立ちさせ、Aに少しずつ混ぜる。

耐熱グラスにこし入れ、粗熱がとれたら冷蔵室で2時間以上冷やし固める。

カラメルソースを作る。小鍋に砂糖と水を入れて中火にかけ、時々揺すりながら濃い茶色になったら火を止め、湯をそっと注いで（はねるので注意）冷ます。食べる時にプリンにかける。

＊卵には完全に火を通していないので、新鮮なものを使い、その日のうちに食べてください

おまけの
コツ

いちごの
フローズンヨーグルト

手作りアイスは、いちごのフレッシュな果肉が感じられ、市販品にはないしっかりした
素材感が魅力。さらに舌触りを市販品に近づけるには、溶けかけを狙います。
やわらかくなってきた時に撹拌することで、ふわっとなめらかに。

材料（3〜4人分）

いちご ⸺ 100g（約⅓パック）
ヨーグルト ⸺ 150g
生クリーム（乳脂肪分35%）⸺ 50g
加糖練乳 ⸺ 80g

作り方

ボウルにいちごを入れてフォークでつぶし、残りの材料を加えてヘラでよく混ぜる。＊甘みが足りなければ練乳を足す

厚手のビニール袋に入れて平らにし、冷凍室で凍らせる。食べる時にフードプロセッサーやミキサーでなめらかにする。
＊あればいちご（分量外）とともに器に盛る

おまけの
コツ

＊風味が全然違ってくるので、しっかり熟した
　いちごを使ってください
＊フープロがない時は、少し溶けるまでおき、
　スプーンでよく練ります

杏仁豆腐
アンニン

小さい頃、家族で中華料理店に出かけて、最後にひし形に切り目が入った
杏仁豆腐を食べるのが好きでした。今はやわらかく濃厚なタイプも多いですが、
口に触れた時、ちょっと感じられるかたさが好きです。

A 牛乳 —— 350g
　きび砂糖 —— 大さじ2
　杏仁霜（きょうにんそう）—— 大さじ2
　粉寒天 —— 小さじ½
　生クリーム（乳脂肪分35%）—— 50g
【シロップ】
　きび砂糖 —— 50g
　水 —— 1カップ
　⇒ひと煮立ちさせて砂糖を溶かし、冷ます
　クコの実（あれば）—— 適量　＊水をひたひたに加えて戻す

作り方

鍋にAを入れて中火にかけ、ヘラで鍋底を混ぜながらひと煮立ちさせる。

火を止めて生クリームを混ぜ、容器にこし入れ、粗熱がとれたら冷蔵室で2時間以上冷やし固める。

シロップをかけ、クコの実をのせる。

＊シロップは、フルーツ缶の汁でも代用できます。
好みのフルーツを添えても

杏仁霜（きょうにんそう）は杏の種の中にある「仁」を粉末にし、砂糖やコーンスターチを加えたもの。中華食材売り場、輸入食材店などで購入可。

おまけの
コツ

甘酒みるくアイス

特別な道具を使わなくてもカチカチにならず、なめらかなのは、ゼラチンのおかげ。
砂糖不使用、甘酒の自然な甘みがうれしいアイスクリームです。

材料（4〜5人分）

牛乳 —— 80g
粉ゼラチン —— 小さじ½(1.5g)
　＊水大さじ½と混ぜておく
甘酒（米麹タイプ・2倍濃縮）
　—— 250g
　＊ざるでこすかミキサーで
　なめらかにする
生クリーム（乳脂肪分35％）
　—— 100g
塩 —— ひとつまみ
　＊甘酒の原材料に塩が入って
　いない場合

作り方

小鍋で牛乳を温め、時々揺すり、鍋肌に小さな泡が出てきたら火を
止め、ゼラチンを加えてヘラで混ぜて溶かす。＊塩はここで加える

甘酒、生クリームを順に加えて混ぜる。混ぜながら氷水にあて、冷
たくなったらバットに入れて冷凍室へ。

1時間たったらフォークで全体を混ぜ、平らにならして再び冷凍室
へ。これを2〜3回くり返し、好みのかたさで凍らせる。

おまけの
コツ

＊好みで、煮あずきやクッキー（とも
に市販品）を添えても

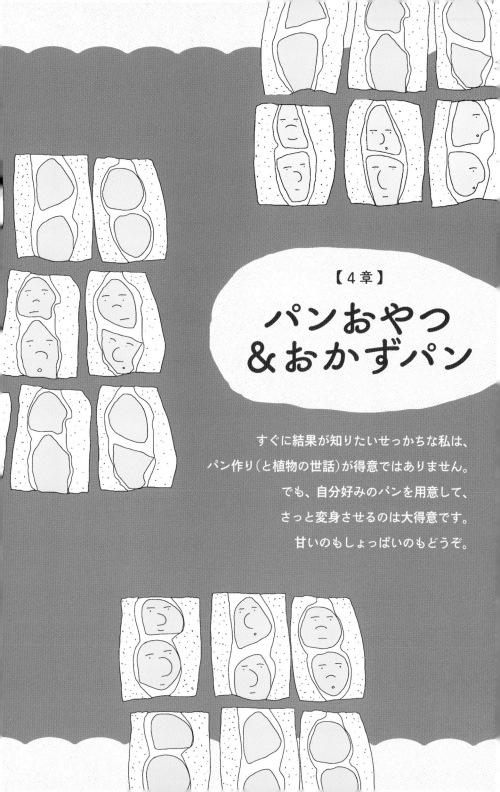

【4章】

パンおやつ ＆おかずパン

すぐに結果が知りたいせっかちな私は、
パン作り（と植物の世話）が得意ではありません。
でも、自分好みのパンを用意して、
さっと変身させるのは大得意です。
甘いのもしょっぱいのもどうぞ。

桃サンド

外で食べるフルーツサンドがあまり好きでないのは、クリームの味だと気づきました。
水切りヨーグルトで作るクリームは、適度なかたさと酸味で、パンとフルーツの仲を
取りもってくれます。桃の季節に家で作ると、お店よりおいしいフルーツサンドです。

食パン（6枚切り）⋯⋯ 2枚
桃 ⋯⋯ ½〜1個
【ヨーグルトクリーム】
 │ 生クリーム ⋯⋯ 50g
 │ きび砂糖 ⋯⋯ 大さじ1〜
 │ ヨーグルト ⋯⋯ 50g ＊コーヒードリッパー等で2時間水切りする

作り方

桃は4つ割りにして皮、種を取り、長さを半分に切り、レモン汁を入れた水（水1カップ＋レモン汁小さじ1・分量外）にくぐらせ（色止め）、水気をふく。

生クリームに砂糖を加えてツノが立つまで泡立て、ヨーグルトを混ぜる。＊水切り具合によって甘み、酸味が変わるので、砂糖は加減して

食パンにクリーム、桃適量をのせてサンドし、全体をきつめにラップで包み、冷蔵室で30分〜1時間冷やす。耳を落として縦3等分にカットする。

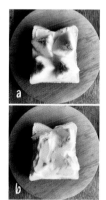

☞きれいな断面にするには
 ＊クリームはかために。下地は薄く、桃を並べたらすきまをたっぷりのクリームで埋める（a,b）。中心は多め、耳のほうは薄く
 ＊カットする位置に桃がしっかりあたるように並べる
 ＊リッチなしっとり食パンよりも、やわらかすぎないふつうの食パンが合う

おまけの
コツ

屋台トースト

韓国のストリートフードの中でも人気の「トーストサンド」。卵・ハム・チーズの
一見王道なサンドイッチですが、ひと口食べるとびっくり。でも、この甘じょっぱさに
ハマるのです。まずは先のことは忘れて、バターと練乳を惜しみなく使ってください。

材料（1〜2人分）

食パン（6枚切り）—— 2枚
ハム —— 1枚
卵 —— 1個 ＊溶いて塩、こしょう各少々を混ぜておく
スライスチーズ —— 1枚
せん切りキャベツ —— 2枚分
バター（有塩）—— 15g
マヨネーズ —— 大さじ1
加糖練乳 —— 大さじ1

作り方

フライパンに油大さじ½（分量外）を熱し、ハムを両面さっと焼いて取り出し、続けて卵で食パンサイズの薄焼き卵を作って取り出す。

フライパンにバターを弱火で溶かし、食パンの両面をじっくり色よく焼く。

食パンにチーズ、ハム、卵、キャベツの順にのせ、マヨネーズ、練乳を絞り（a）、サンドする。

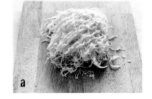
a

＊食パンは、バターをたっぷり使ってカリッとするまで焼くことで、油分でコーティングされ、水っぽくなるのが防げます

おまけの
コツ

【 屋台トーストのアレンジで 】

きゅうりトースト

きゅうりを1本丸ごと使った、屋台トーストの（勝手に）アレンジバージョン。
だんだん湿度が高くなる、梅雨の頃になると無性に食べたくなるんです。
きゅうりの水気をとにかくぎゅーっと絞ってください。

食パン（6枚切り）—— 2枚
きゅうり —— 1本
ハム —— 2枚
バター（有塩）—— 15g
粗びき黒こしょう —— 少々
マヨネーズ —— 大さじ1

作り方

きゅうりは薄い小口切りにして塩1〜2つまみ（分量外）をまぶし、15分おき、しんなりしたら両手ではさんでぎゅーっと水気を絞る（a）。

フライパンにバターを弱火で溶かし、食パンの両面をじっくり色よく焼く。

食パンにハム、きゅうりの順にのせ、黒こしょうをひき、マヨネーズを絞ってサンドする。

a

おまけの
コツ

＊きゅうりは色が1段階濃くなるまで、しっかり水を
　出して絞ります
＊練乳をプラスしてもおいしいです

バゲットのフレンチトースト

厚くてほわほわのフレンチトーストよりも、子どもの頃に食べた、やわらかすぎない
パンの食感が感じられるタイプが好きです。なので、食パンよりバゲット派。
レモンと食べるのがおすすめですが、粉砂糖をふったり、アイスクリームも合います。

【はちみつレモン】(作りやすい分量)

レモン ── ½個

はちみつ ── 100g

バゲット ── 20cmくらい

A｜卵 ── 1個

卵黄 ── 1個分

牛乳 ── ½カップ

きび砂糖 ── 大さじ2

バニラオイル ── 数滴

バター（有塩）── 15g

作り方

はちみつレモンを作る。レモンは皮を薄く削ぎ、ごく薄い輪切りにし、はちみつを加えて30分おく。

バゲットは縦半分に切り、皮面にフォークで穴をあけ、泡立て器で混ぜた**A**に10分浸す。＊しみ込みやすいよう、軽く押しつけるといい

フライパンにバターの半量を弱火で溶かし、バゲットの断面を下にして入れ、ふたをしてこんがり焼く。裏返して残りのバターを入れ、同様に焼く。

はちみつレモンをシロップごとのせる。

おまけの
コツ

＊レモンは果肉がおいしく食べられるよう、かたい表皮を落とします。国産レモンの皮なら、ラップで包んで冷凍し、レモンリゾット(p98)などに使って

＊はちみつレモンのシロップが残ったら、お湯で割ったり、ヨーグルト＆牛乳と混ぜてラッシーに

カスタードトースト

ぷるぷるのカスタードをカリッと焼けたトーストではさんだ、朝にもおやつにも
うれしいサンドイッチ。カスタードは、熱々でも冷えていてもおいしいのですが、
温かいうちはやわらかいので、切った食パンをディップして食べるのがおすすめです。

材料（1〜2人分）

食パン（8枚切り）⸺ 2枚
A｜卵黄 ⸺ 1個分
｜きび砂糖 ⸺ 大さじ2
薄力粉 ⸺ 大さじ1
牛乳 ⸺ 150g
バニラビーンズ（またはバニラオイル）⸺ 少々
　＊ビーンズはさやから種をナイフでこそげる

作り方

ボウルにAを入れ、泡立て器で白っぽくなるまで30秒混ぜる。薄力粉をふるい入れ、粉気がなくなるまで混ぜる。＊バニラビーンズはこのあと加えて混ぜる

牛乳を鍋肌がふつふつするまで温め、Aのボウルに混ぜ、小鍋にこし入れる。

弱火にかけてヘラで絶えず混ぜ、沸騰してとろみがついたら、さらに30秒加熱する。＊バニラオイルならこのあと加える

器に入れて表面にラップを貼りつけ、粗熱がとれたら冷蔵室で冷やす。トーストでサンドする。

チョコクリーム

トーストせずにふわふわのままのパンに、たっぷり塗って味わいたい、
濃厚なチョコクリームです。板チョコは、ビターすぎないものを。
サンドイッチ用の食パンに、スライスしたバナナとサンドするのもおすすめです。

材料（約150mℓ分）

薄力粉 ── 大さじ1
牛乳 ── 100g
生クリーム ── 100g
卵黄 ── 1個分
板チョコ ── 2枚（100g）＊ぽきぽき割る

作り方

ボウルに薄力粉をふるい入れ、牛乳を少しずつ加えて泡立て器でなめらかに混ぜる。生クリーム、卵黄も加えてよく混ぜ、小鍋にこし入れる。

弱火にかけてヘラで絶えず混ぜ、沸騰してとろみがついたら、さらに1分加熱する。

火を止めてチョコを加えて溶かす。パンにつけて食べる。

＊板チョコを加えたあとに分離した場合は、氷水にあてて混ぜ続けると、なめらかにつながります

おまけの
コツ

アボカドトースト

京都へ旅行した時に、朝ごはんで食べたアボカドトーストがとってもおいしくて、
ステイホーム中の朝ごはんによく作ったレシピ。全粒粉やライ麦入りのパンが合います。

材料（1人分）

カンパーニュ（スライス）
　── 1枚
アボカド ── 1個
A ┤ レモン汁 ── 大さじ½
　　 塩 ── 2つまみ
　　 オリーブ油 ── 大さじ1
卵 ── 1個

作り方

アボカドはフォークでていねいにつぶし、Aを混ぜる。

小鍋に湯を沸かし、ふつふつするくらいの弱火にし、酢をカレースプーン1杯分（分量外）入れる。菜箸で混ぜて水面にうずを作り、器に割った卵をそっと入れ、スプーンで白身を寄せながら固まるまで加熱する（＝ポーチドエッグ）。

しっかりトーストしたカンパーニュにアボカド、ポーチドエッグをのせ、オリーブ油、粗びき黒こしょう（ともに分量外）をかける。

5章

そのほかの
まいにちのおやつ

炊飯器やオーブンに入れたら、
放っておくだけでおいしくなってくれるおやつたち。
ちょっとしたすきま時間に仕込んでおけそうです。
味や風味が強すぎなくて、
ちょっとつまめるものがあると心強いですね。

焼きいも

皮はぱりっと、中はほくほくとろり。そんな焼きいもが家でも作れるんです。
熱々も冷めた翌日もおいしくて、ついにはさつまいもを箱買いするように。
ちょっと意外なキムチをのせるのは、韓国では定番の食べ方です。

さつまいも（ふつうのサイズ）…… 1本（250〜300gくらい）

さつまいもはよく洗い、水気がたっぷりついたまま、オーブンシートかアルミホイルを敷いた天板にのせる。

180℃のオーブンで1時間焼く。途中で一度裏返す。＊まん中に箸（または竹串）を刺し、すっと入ればOK

◎その1：キムチをのせて食べる。

◎その2：さつまいもバター⇒焼きいも200gは熱いうちに皮をむき、つぶして冷まし、室温に戻した有塩バター50g、シナモンパウダー小さじ⅓を混ぜる。トーストやスコーンにのせて食べる。

炊飯器で作る煮あずき

あんこに関しては、もはや"推し"といってもいいくらい愛が強めです。余裕がある時は、
鍋につきっきりで向き合う日もありますが、さらっとした粒感の煮あずきには、
炊飯器が優秀と気づきました。容器を抱えて、スプーンでそのまま食べたくなります。

あずき —— 100g ＊洗って水気をきる
水 —— 600㎖
上白糖 —— 100g
塩 —— 少々

作り方

小鍋に水の半量を入れて中火にかけ、しっかり沸騰したらあずきを
入れる。再び沸騰し、湯にあずきの色が薄く出てくるまで6〜7分ゆで、
湯をきる。＊ゆで汁はあずき茶として楽しめる（a）

炊飯器にあずき、残りの水を入れて玄米モードで炊く。味見してか
たいようなら、水100㎖をプラスして白米モードでもう一度炊く。

砂糖、塩を加えて混ぜる。保存容器に移して冷まし、冷蔵室に入れ
て3〜4日をめどに食べる。

a

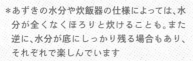

＊あずきの水分や炊飯器の仕様によっては、水
　分が全くなくほろりと炊けることも。また
　逆に、水分が底にしっかり残る場合もあり、
　それぞれで楽しんでいます
＊（豆が中までやわらかくなった前提で）さら
　りとした仕上がりにする場合は、湯を少々足
　し、粒あんに近くする場合は汁気をきって
　から、それぞれ砂糖を加えてください

おまけの
コツ

【 煮あずきのアレンジで 】
あずきアイス

煮あずきがあれば、少し手を加えるだけで簡単おやつが楽しめます。
なつかしい雰囲気のアイスは、片栗粉が入ることで、ほろりとした口溶けに。

材料（3人分／キューブ15個）

煮あずき（p83参照）
　—— 150g
片栗粉 —— 小さじ1
　＊水100gと混ぜておく
塩 —— 少々

作り方

鍋に材料をすべて入れ、中火に
かけてヘラで混ぜ、沸騰して
しっかりとろみがついたら火を
止める。

———————————

粗熱がとれたら製氷皿に入れ、
冷凍室で凍らせる。

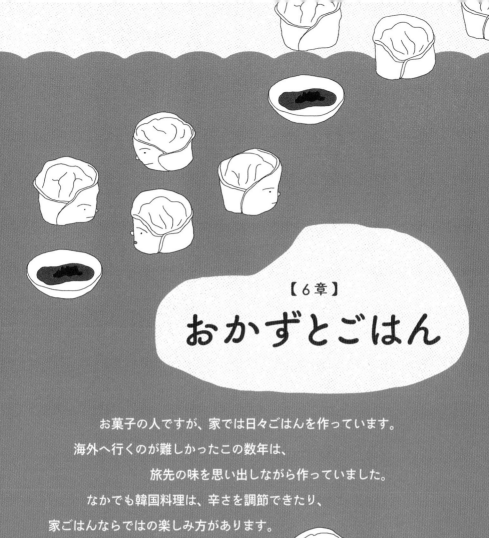

【6章】

おかずとごはん

お菓子の人ですが、家では日々ごはんを作っています。
海外へ行くのが難しかったこの数年は、
旅先の味を思い出しながら作っていました。
なかでも韓国料理は、辛さを調節できたり、
家ごはんならではの楽しみ方があります。

豆漿
トウジャン

台湾の朝ごはんの定番メニュー。おぼろ豆腐のスープのようなやさしい味わいは、
いつ食べてもほっとします。具材は、家にある材料でアレンジしても楽しめます。
お腹もほかほか、食べごたえもあるので、軽いごはんがわりに。

材料（1人分）

A ┃ 味つきザーサイ（細かく刻む）、桜えび、黒酢
　　┃ ── すべてカレースプーン1杯分
　　┃ 香菜（葉を残して刻む）── 1本
　　┃ シャンツァイ
　　┃ 塩 ── 1〜2つまみ
　　┃ ごま油 ── 少々
　豆乳 ── 1カップ

作り方

お椀や大きめのカップにAを入れ、沸騰直前まで温めた豆乳を注ぐ。
香菜の葉をのせる。

＊トッピングのバリエーションとして、万能ねぎ
（小口切り）、カリッと焼いて食べやすく切った
油揚げ、刻んだ白菜漬けやぬか漬けなども

おまけの
コツ

葱油餅
ツォンヨゥピン

ホットクの生地をアレンジして作る、台湾のねぎもち。

たっぷりのねぎをぐるぐるとうず状に巻いて焼くと、まわりはさくっと、中はもちっと。

おやつにつまんだり、豆漿（p86）と一緒に食べるのもおすすめです。
トウジャン

ホットクの材料**A**と**B**（p47参照）

C | 万能ねぎ ── ½袋（50g） ＊小口切り
ごま油、白いりごま ── 各大さじ1
塩 ── 2つまみ
⇒混ぜておく
油 ── 大さじ2

作り方

ホットクと同様に生地を作る。4等分し、オーブンシートではさむか手に油（分量外）をつけ、15×10cmにのばす。

Cを4等分して全体に広げ（a）、手前からくるくる巻き、さらにうず巻き状にする（b）。

フライパンに油の¼量を熱し、弱火で焼く。よい焼き色がついたら裏返し、ヘラでぎゅーっと押しつけてつぶし、よい焼き色がつくまで両面をじっくり焼く。

＊成形時や焼く時に、ねぎがはみ出しても大丈夫。香ばしく焼けたねぎはよいアクセントになります

おまけのコツ

ねぎおから

おからより長ねぎが多い、具材はねぎだけのうの花。
お菓子作り同様に、使う材料が少ないことに喜びを感じてしまうようです。
派手さはないけれど、あるとなんだかうれしい、ほっとするおかずです。

材料（300 ㎖容器 1個分）

太めの長ねぎ ── 1本（約150g）

生おから ── 100g

A みりん ── 大さじ1
　しょうゆ ── 大さじ½
　塩 ── 小さじ¼
　水 ── ¼カップ
　⇒混ぜておく

油 ── 大さじ1

作り方

長ねぎは、青い部分もすべて1㎝幅の半月切りにする。みりんはレンジに30〜40秒かけてアルコール分を飛ばす。

フライパンに油を熱し、長ねぎを中火でじっくり炒める。＊ふちがちりちり茶色になるくらいまで10分ほど炒めると、香ばしくておいしい

おからを加えてさっと混ぜて火を止め、Aを加える。

再び中火にかけて混ぜながら、2〜3分好みの加減まで水分を飛ばす。

＊おからの水分量は商品によって異なるので、お好きなしっとり具合に水で調整してください
＊味がぼんやりしてるなと思った時は（長ねぎの甘さで変わります）、きび砂糖をひとつまみ加えてください

おまけのコツ

きゃらぶき

それだけを買うことはないけれど、出会うとやっぱりおいしいな、と思うものがあります。
きゃらぶきもそんな存在。外で食べると、ふきの気配が全く消えているものも多いので、
手作りすることで自分好みの味にできるのがうれしいです。

ふき ── 300g

A │ しょうゆ ── 40g
  │ みりん ── 30g
  │ きび砂糖 ── 25g
  │ 昆布 ── 5㎝角1枚
  │ 水 ── 100g

作り方

ふきは洗って包丁で筋を取り、5㎝長さに切る。

たっぷりの熱湯に塩少々（分量外）、ふきを入れて中火で5分ゆでる。たっぷりの水にとり、水気をきる。

鍋にふき、Aを入れて中火にかけ、沸騰したら弱火にして落としぶたをし、汁気がほぼなくなるまで30分煮る。

冷やし中華

「市販の甘いたれが苦手なので、食べやすいレシピを教えて」と、姉からリクエスト。
最初に考えた時から少し配合を変え、この味に落ち着きました。メープルシロップは、
みりんと砂糖のいいとこどりの存在。少しのしょうが汁が、隠し味になっています。

中華生麺 …… 1玉
市販のチャーシュー …… 2枚 ＊細く切る
卵 …… 1個 ＊塩少々を加えて薄焼き卵を作り、細く切る
きゅうり …… ⅓本 ＊細く切る
紅しょうが、白いりごま、練りがらし …… 各適量

たれ（作りやすい分量／2人分）

A ┃ しょうゆ …… 大さじ2
 ┃ 酢、メープルシロップ、水 …… 各大さじ1
しょうがの絞り汁 …… 小さじ½
ごま油 …… 小さじ1

作り方

たれを作る。小鍋にAを入れて中火でしっかり煮立たせ、火を止めて
しょうが汁、ごま油を混ぜる。冷蔵室で冷やす。

中華麺をゆでて冷水でしめ、水気をぎゅーっと絞る。

器に盛り、具材をのせてたれ、ごまをかけ、好みでからしを添える。

豚肉とエゴマの水餃子

使い道がわからなくてと言われることが多いエゴマの葉。わが家では庭で栽培するほど大好物です。大葉と似ているようで、風味は全く異なるもの。エゴマのよさを生かした食べ方を知ってもらえたらと思い、豚肉との相性がよいので、たっぷり加えて水餃子に。

A 強力粉 ── 40g
薄力粉 ── 40g
塩 ── 2つまみ
水 ── 40g

B 豚ひき肉 ── 100g
エゴマの葉 ── 10枚 ＊小さくちぎる
オイスターソース、しょうゆ、酒 ── 各小さじ1

作り方

皮を作る。ボウルに**A**の粉と塩を入れてざっと混ぜ、水を少しずつ加えてこねる。粉気がなくなったら1分ほどこね、ラップで包んで30分休ませる。＊夏場は涼しい場所に

12等分して丸め、めん棒で直径8cmにのばす。**B**をよく練ったものを等分してのせ、半分にたたんでぎゅっととじ（a）、端と端を合わせてくっつける（b）。

沸騰したたっぷりの湯に入れ、再び沸騰してから中火で5分ゆでる。

湯をきってごま油少々（分量外）を回しかけ、しょうゆと酢を1対1で混ぜたたれをつけて食べる。

＊皮はゆっくり水分がなじみますが、それでもパサパサする時は水少々を足してください
＊皮をのばす時にベタつく場合は、片栗粉少々をふって
＊具を包む時に皮がくっつきにくければ、水少々をつけます

おまけのコツ

レモンリゾット

国産レモンが旬の時期は、落ち着かないのです。お菓子に料理に使わないと、
もったいないとそわそわします。普段の料理もレモンの皮がふわっと香るだけで、
バージョンアップした感じ。リゾットは、お米をゆでるイメージで調理します。

材料（1〜2人分）

お米（洗わない）── 1合（180mℓ）
スープの素 ── 少々　*水2カップで溶き、薄味に調える
オリーブ油 ── 大さじ1
A ┃ レモンの皮（国産のもの）── 1個分　*すりおろす
　┃ 黒こしょう、オリーブ油、パルメザンチーズ ── 各適量

作り方

小鍋にオリーブ油、米を入れ、中火で1分炒める。スープを加え、沸
騰したら弱火にし、時々混ぜて10〜12分煮る。

水分と米の芯が少し残るくらいで火を止め、塩（分量外）で味を調え
る。Aをふる。

*スープの素は、鶏ガラスープの素や固形スープの
素などお好きなもので。水に溶いた時、そのまま
飲むと少し薄いくらいの濃さでOK
*火加減によって、まだお米がかたいうちに水分が
なくなったら、途中で水を足してください
*パルメザンチーズは、かたまりをすりおろすと断
然おいしいです

おまけの
コツ

辛いナポリタン

ピリッとした辛みがアクセントの、「辛(しん)ナポ」。時間も材料もない、
自分の昼ごはんとして作ったのがはじまりで、実はふつうのナポリタンより
食べているかもしれない大好きメニュー。コチュジャンを使うとうまみがアップします。

材料（1人分）

スパゲッティ ── 80g

A｜ケチャップ ── 大さじ3
　｜油 ── 大さじ1
　｜コチュジャン ── 小さじ1
　｜バター（有塩）── 10g
粉チーズ ── たっぷり

作り方

スパゲッティは塩（分量外）を入れた熱湯で袋の表示通りにゆで、湯をきり、油少々（分量外）をからめておく。

フライパンに**A**を入れ、ヘラで混ぜながら中火で煮詰める。水分が飛び、ケチャップがペタペタになるまでしっかり煮詰めるのがポイント。

ゆでたスパゲッティを加えてさっと炒め、器に盛って粉チーズをふる。
*あればタイム（分量外）を添える

おまけの
コツ

*油とバターの両方を使うことでコクが出ます
*焼きつけるようにしっかり煮詰めると、トマトの酸味が飛んでまろやかに。香ばしさも増します

にんじんナムルのキンパ

ツナも卵もごはんも主役じゃなくて、ただただ好物のにんじんナムルを
たくさん食べたいがためのキンパ。塩でなく塩麹を使うと、
甘みとコクがプラスされ、飽きずに食べられるんです。

【にんじんナムル】（作りやすい分量）

    にんじん ── 2本（300g）
    ごま油 ── 大さじ1
    塩麹 ── 大さじ1½
    白いりごま ── 大さじ1
  卵 ── 1個 ＊塩少々を加えて薄焼き卵を作り、1cm幅に切る
A ┃ ツナ缶 ── 小2缶（140g）＊キッチンペーパーで汁気をしっかり絞る
  ┃ マヨネーズ ── 大さじ2
  ┃ しょうゆ ── 小さじ1
  ┃ きび砂糖 ── 小さじ½
    ⇒混ぜておく
  ごはん ── 茶碗大盛り1杯分（200g）＊塩2つまみ、ごま油小さじ1を混ぜる
  焼きのり ── 全形2枚

作り方

にんじんナムルを作る。にんじんはせん切りにしてフライパンに入れ、ごま油をからめ、ふたをして弱めの中火にかける。水分が出てくるので時々混ぜる。

10分ほどでしんなりしたら塩麹をからめ、火を止めてごまをふり、冷ます。

のりにごはんの半量を薄く広げる（巻き終わりを5cm残す）。まん中ににんじんのナムルの¼量、薄焼き卵とAを半量ずつのせ、手前から巻く。

ごま油少々（分量外）を全体に塗り、包丁で好みの幅にカットする。

＊にんじんの水分や甘みによって、塩麹の量は加減して

おまけのコツ

ズッキーニナムルで
ビビンバ

ナムルは塩とごま油のシンプルな味つけのものが多いのですが、

淡泊なズッキーニは、だしでちょっぴりコクをプラスしてあげるといいみたいです。

火を入れる前に水分をしっかり出して、炒めるのは短時間。しゃきしゃき感を残します。

【ズッキーニナムル】（作りやすい分量）

- ズッキーニ ── 2本（400g）
- 塩 ── 小さじ⅓
- 油 ── 大さじ2
- にんにくのすりおろし ── ½かけ分
- 鶏ガラスープの素 ── 2つまみ

【肉そぼろ】（作りやすい分量）

- 豚ひき肉 ── 200g
- しょうがのすりおろし ── 小さじ1
- しょうゆ ── 大さじ1
- きび砂糖、みりん ── 各大さじ½

卵 ── 1個 *好みのかたさの目玉焼きを作る

にんじんナムル（p103参照）、ごはん、
　コチュジャン ── 各適量

*ズッキーニは
冷めると水が
出るので、塩味
はしっかりめ
につけます

おまけの
コツ

作り方

ズッキーニナムルを作る。ズッキーニは2㎜幅の輪切りにし、塩を手でほわっとからめて1時間放っておく。ぎゅぎゅっと水気を絞る。

フライパンに油、にんにくを入れて弱火にかけ、じくじくしてきたらズッキーニを加える。スープの素をふり、中火で2分炒め、塩（分量外）で味を調える。

肉そぼろを作る。フライパンにひき肉、しょうがを入れて中火で色が変わるまで炒め、脂をふきとり、調味料を加えてなじむまで炒める。

器にごはんを盛り、具材をのせてコチュジャンを添える。ごはん1粒1粒に味がからむようによく混ぜていただく。

新玉ねぎのチャンアチ（しょうゆ漬け）

新玉ねぎが出回る季節になると、何度も作るチャンアチ。
ちょっとした箸休めにぴったりで、シンプルなのに誰もがハマってしまう
おいしさです。お酒のつまみにもぜひ。

材料（作りやすい分量）

新玉ねぎ ⸺ 1個（200g）
しょうゆ ⸺ 100g
酢 ⸺ 40g
みりん ⸺ 25g
きび砂糖 ⸺ 25g

作り方

新玉ねぎはひと口大に切ってばらばらにほぐし、保存容器に入れる。

調味料を小鍋に入れてひと煮立ちさせ、粗熱がとれたら容器に注ぎ入れる。

冷蔵室で半日〜好みの加減で玉ねぎだけ引き上げる。

おまけの
コツ

＊残った漬け汁はひと煮立ちさせて、あと2回くらい使えます。
薄まるので、最初より少し長めに漬けます

マグカップで作るケランチム

（韓国風茶碗蒸し）

大きく蒸してみんなで取り分けて食べることが多い、韓国の茶碗蒸し・ケランチム。
寒い日やちょっとお腹がすいた時に、自分の分だけ作れたらいいなと思いました。
味つけや具材は日本と似ていますが、食感はふわふわ。「す」を気にせず作れます。

材料（1人分）

卵 ── 2個
だし汁（煮干しやいりこ） ── ¾カップ
　＊顆粒だし（煮干し、いりこ、昆布・無塩）を水で溶いても
みりん ── 小さじ½
塩 ── 小さじ¼
かにかま ── 1本　＊ほぐす
万能ねぎ ── 1本　＊小口切り
ごま油 ── 適量

作り方

卵は泡立て器で卵白のコシをほぐすようによく混ぜる。だし汁、み
りん、塩も加えて混ぜる。

耐熱カップにかにかま、万能ねぎを入れ、卵液を注ぎ入れる。

ラップをかけずにレンジで1分加熱。スプーンで全体を大きく混ぜ、
さらに2分30秒〜3分。ぷっくりふくれて、傾けた時に透き通った汁
が出たら完成。ごま油をたらして熱々を食べる。

＊材料を全部混ぜてなめてみた時、だしの味はしっかりだけれど
　塩気はちょっと薄め、くらいの加減にするとおいしくできます

おまけの
コツ

サバ サムジャン（ピリ辛さばみそ）

サンチュで包んで食べる、甘辛いさばみそです。ストックしてあるさば缶で
ささっと作れて、冷たくてもおいしいので、しょっちゅう作りおきしています。
ごはんと一緒はもちろん、モッツァレラチーズと食べると止まらないおいしさです。

さば水煮缶（食塩不使用・汁ごと） ── 2缶（380g）
玉ねぎ ── ½個　＊粗みじん切り
にんにく ── 1かけ　＊みじん切り
コチュジャン、しょうゆ、ごま油 ── 各大さじ1
きび砂糖 ── 大さじ½
粗びき粉唐辛子 ── 小さじ1
サンチュ、エゴマの葉、モッツァレラチーズ ── 各適量

作り方

鍋にさば缶〜粉唐辛子を入れて軽くほぐし、中火で時々混ぜながら
汁気がほぼなくなるまで煮る。

サンチュにエゴマの葉をのせ、チーズとともに包んで食べる。

おまけの
コツ

＊唐辛子は、一味や細かいタイプはとっても辛いので粗びきを。
うまみがあるので入れたほうがおいしいですが、なければコ
チュジャンを少し増やしてください

コングクス／枝豆コングクス

韓国の夏の麺といえば、コングクス。蒸した大豆を細かくひいた、
ポタージュのようにとろりとした冷たい汁に、麺を合わせたもの。
簡単に豆腐と枝豆で作ります。シンプルな味つけなので、キムチと一緒に楽しみます。

【コングクス】
　絹ごし豆腐 ─ ⅔丁（200g）
　豆乳 ─ 120g
　昆布茶 ─ 小さじ1
　白すりごま ─ 小さじ1

【枝豆コングクス】
　枝豆 ─ 120g（正味）
　　*塩を入れた熱湯でやわらかめにゆで、さやから出す
　豆乳 ─ 200g
　昆布茶 ─ 小さじ½
　白すりごま ─ 小さじ1
冷やむぎ（または太めのそうめん）─ 各1人分（100g）
白菜キムチ ─ 適量

作り方

コングクスの材料をそれぞれミキサーに入れ、なめらかになるまで
撹拌し、塩（分量外）で味を調える。冷蔵室で冷やす。

冷やむぎは袋の表示通りにゆでて冷水でしめ、水気をぎゅーっと絞る。

器に麺を盛って汁を注ぎ、氷を入れる。

おまけのコツ

*韓国で食べる味に近くなるよう、レシピを整えました

ビビン麺

夏のお昼に食べたくなる、甘辛いたれをからめた麺。外で食べるビビン麺は、
私にはけっこう辛いので、自分好みにしています。水でしめたそうめんの水気を
とにかくぎゅーっと絞ると、味がぼやっとせず、最後までおいしいです。

材料（1人分）

そうめん ⸺ 2束（100g）
卵 ⸺ 1個 ＊熱湯で10分ゆでて殻をむく
きゅうり ⸺ ½本 ＊細く切る
【たれ】（1〜2人分）
　コチュジャン、きび砂糖 ⸺ 各大さじ1
　酢、ごま油 ⸺ 各小さじ2
　しょうゆ、ナンプラー ⸺ 各小さじ1
　にんにく・しょうがのすりおろし ⸺ 各少々
白いりごま ⸺ 少々

作り方

そうめんは袋の表示通りにゆでて冷水でしめ、水気をぎゅーっと絞る。

器に麺を盛り、ゆで卵½個、きゅうりをのせ、混ぜたたれをかけてごまをふる。よくあえて食べる。

＊辛みのあるたれなので、最初は少なめに。味を見て足してください。生クリームを大さじ1足すと、ロゼ風に
＊コチュジャンは韓国メーカーは辛め、中国のものは甘めが多いです

おまけの
コツ

キムチポックンパ（キムチチャーハン）

チャーハンにキムチが入っただけ、ではないんです。しっかり炒めたキムチと
漬け汁のうまみがごはん全体にからんで、まろやかな味わい。
ちょっと酸っぱくなったくらいのキムチで作ると、またおいしいです。

材料（1人分）

ごはん ── 茶碗大盛り1杯分（200g）
長ねぎ ── 5cm　＊小さく刻む
白菜キムチ ── ひとつかみ　＊小さく刻む
焼き豚（またはハム）── 2枚　＊小さく刻む
オイスターソース、しょうゆ ── 各小さじ1
ごま油 ── 大さじ½
卵 ── 1個
韓国ふりかけのり（または焼きのり）── 適量

作り方

キムチはぎゅっと絞って汁を取り分け、オイスターソース、しょうゆ
と混ぜておく。卵は多めの油（分量外）でふちがカリッとした半熟の
目玉焼きを作る。

フライパンにごま油を熱し、長ねぎを中火で炒め、香りが出たらキ
ムチ、焼き豚を加え、1分炒める。

ごはんを加えて炒め、ほぐれてきたら調味料を加え、さらに炒める。
塩（分量外）で味を調える。

器に盛り、目玉焼き、のりをたっぷりのせる。

＊焼き豚のかわりに、ツナ缶や切り落とし肉でも
＊仕上げはごはんに焼き目をつけるようにすると、
　香ばしくておいしいです
＊辛めが好きな人は、調味料を入れるタイミングで
　粗びき粉唐辛子を適量加えてください

おまけの
コツ

チャプチェ

春雨と野菜のあえもの「チャプチェ」は、韓国春雨と同じお芋のでんぷんの
「マロニー」を使うと、手軽に楽しめます。春雨よりたっぷり?というくらい具材を
入れるのが好きです。常備菜のつもりが、あっというまに食べきってしまいます。

「マロニー」── 1袋（100g）
玉ねぎ、にんじん、生しいたけ、牛（または豚）切り落とし肉、にら
　　── それぞれひとつかみ
A｜しょうゆ、酒 ── 各大さじ2
　｜きび砂糖 ── 大さじ1
　｜おろしにんにく ── 少々
　｜水 ── 大さじ3
　　⇒混ぜておく
ごま油 ── 大さじ1
卵 ── 1個　＊塩少々を加えて薄焼き卵を作り、細く切る
白いりごま ── 少々

作り方

具材は食べやすいサイズに切る。玉ねぎ、しいたけは薄切り、にん
じんは細切り、にらはざく切り、肉はひと口大に。マロニーは熱湯で
5分ゆで、湯をきる。

フライパンにごま油を熱し、野菜（にら以外）を中火でしんなりする
まで炒め、肉も加えて火が通ったら、軽く塩（分量外）をふる。

A、マロニー、にらを加え、水分がほぼなくなるまで炒め煮にする。

器に盛って薄焼き卵を飾り、ごまをふる。

＊具材の量で全体の味が変わるので、最後に
しょうゆや塩で調えてください

おまけの
コツ

foodmoodの
ジンジャーエール

お店で人気のしっかり辛いジンジャーエール。隠し味に赤唐辛子を入れています。
アイスでも、ホットでも。チャイの仕上げにたらしたり、
豆花(p52)のシロップにしても。

材料（1人分）

【しょうがシロップ】（350〜400㎖分）
  しょうが ── 200g
  きび砂糖 ── 150g
  赤唐辛子（小さめ・種を除く）── ½本
  水 ── 300g
炭酸水（無糖）── 140g
レモン ── 1かけ

作り方

しょうがシロップを作る。しょうがは洗い、皮つきのままフードプロセッサーか包丁で米粒大に刻む。

小鍋にシロップの材料をすべて入れて強火にかけ、沸騰したら弱火で15分煮詰める。

赤唐辛子を除き、ざるでぎゅっとこす。

氷を入れたグラスにしょうがシロップ60g、炭酸水を注ぎ、レモンを絞る。

＊新しょうがは辛みが弱いので、ひねしょうがを。日持ちは清潔な保存びんに入れ、冷蔵室で約2週間
＊しっかり煮詰めて水分を飛ばすのではなく、弱火でしょうがをやさしく対流させ、エキスを水に移していくイメージです
＊大鍋だとすぐに水分が蒸発し、しょうがのエキスがしっかり出ないので、小鍋でクツクツしてください

おまけの
コツ

【 ジンジャーエールのしょうがで 】
おまけの肉そぼろ

ジンジャーエールを仕込むと大量に残るしょうがを、スタッフがまかないに転生させた
レシピ。食材をいつも最後まで使いきってくれます。ツイッターで紹介した時は、
このそぼろが食べたくて、ジンジャーエールを仕込む人がいたほど。

材料（300㎖容器　1個分）

しょうがシロップ（p121参照）を作ったあとのしょうが ── 全量（約150g）
豚ひき肉（赤身多め）── 150g
塩 ── 2つまみ
酒 ── 大さじ1
みそ ── 大さじ2 ＊水大さじ1と混ぜておく
しょうゆ ── 大さじ1
油 ── 少々

作り方

フライパンに油を熱し、ひき肉と塩を中火で炒める。

火が通ったら酒、しょうが、みその順に加え、そのつど炒める。

水分が飛んだらしょうゆを加え、さっと炒める。

おまけの
コツ

＊きゅうりやマヨネーズと一緒にレタスに包ん
で食べてもおいしいです

foodmoodの
赤じそジュース

梅の季節になると、ああそろそろだな、と楽しみにしている赤じそジュース。
ちゃんと酸っぱくて、蒸し暑い季節もこれを飲むと、
すっきりと疲れがとれるような気がします。

材料（1人分）

【赤じそシロップ】(1.5ℓ分)

　　赤じそ —— 1袋　＊葉を200g分用意し、洗う
　　きび砂糖 —— 300g
　　酢 —— 200g
　　水 —— 1ℓ
　炭酸水（無糖）—— 130g

作り方

赤じそシロップを作る。鍋に分量の水を入れて沸かし、赤じその葉を半量入れて中火で煮、葉が緑色になったら葉だけ引き上げる。残りの葉も同様に煮る。

砂糖を加え、溶けたら酢を入れ、アクをとりながら中火で5分煮、ざるでこす。

氷を入れたグラスに赤じそシロップ70g、炭酸水を注ぐ。

＊お酢の選び方で、風味が変わるのも楽しい。お店ではまろやかな純米酢を使っています。お好きなお酢、家にあるお酢で試してみてください
＊葉を引き上げる時は、鍋の上にざるをあててヘラでぎゅっと絞り、汁も鍋に戻します
＊日持ちは清潔な保存びんに入れ、冷蔵室で約1週間

おまけの
コツ

余白のある桃の
おいしい食べ方

そのままだとちょっともの足りない桃に出会った時にぜひ。
ヨーグルトのかわりに、リコッタチーズ（水切り不要）もよく合います。

桃は皮ごと縦に種までぐるりとナイフを入れ、ひねって2つに割り、種を
スプーンでくりぬく。1時間水切りしたヨーグルトをくぼみに詰め、はち
みつをかける。スプーンですくって食べる。

焼き菓子のリベイク法

焼き菓子やパンはリベイク（温め直し）すると、ぐっとおいしくなります。
スコーンやマフィン、おそうざいパンにも、ぜひ試してみてください。

電子レンジ（600W）でラップをせずに20秒＋オーブントースター30秒〜1分で、焼きたてによみがえります。レンジでは中だけを温めたいので、これ以上だとパサパサに。トースターで表面だけカリッとさせます。大きさによって時間は加減して。

コロッケやフライ、から揚げなどもこの方法で。

おまけの
コツ

＊このほか、ホットケーキはふんわりラップしてレンジのみ20〜30秒。
バターたっぷりのクロワッサンやパイ、天ぷらなどは、レンジを使う
とベチャッとするので、160〜180℃のオーブン（またはオーブントー
スターの弱）で、ゆっくり温めるとサクッとします

なかしましほ ✔

1972年新潟県生まれ。レコード会社、出版社勤務を経て、ベトナム料理店、オーガニックレストランでの経験を重ねたのち、料理家に。2006年「foodmood（フードムード）」の名で、体にやさしい素材を使って作るお菓子の工房をスタート。著書に『まいにち食べたい“ごはんのような”シフォンケーキの本』『まいにち食べたい“ごはんのような”クッキーとビスケットの本』『まいにち食べたい“ごはんのような”ケーキとマフィンの本』『まいにち食べたい“ごはんのような”クッキーとクラッカーの本』『たのしいあんこの本』（すべて小社刊）、『みんなのおやつ ちいさなレシピを33』（ほぼ日刊）など。
https://foodmood.jp　　Twitter(現X):@nakashimarecipe

なかしましほのツイートレシピ

著　者　なかしましほ
編集人　足立昭子
発行人　倉次辰男
発行所　株式会社主婦と生活社
　　　　〒104-8357　東京都中央区京橋3-5-7
　　　　☎03-3563-5321（編集部）
　　　　☎03-3563-5121（販売部）
　　　　☎03-3563-5125（生産部）
　　　　https://www.shufu.co.jp
　　　　ryourinohon@mb.shufu.co.jp
印刷所　TOPPAN株式会社
製本所　株式会社若林製本工場
ISBN978-4-391-16022-2

アートディレクション・デザイン／
　藤田康平（Barber）
撮影／清水奈緒
　なかしましほ（p39、p54、p66-67、
　p74、p78、p98、p100、p102、p126）
スタイリング／前田かおり
イラスト／中島基文
プリンティングディレクション／
　金子雅一（TOPPAN株式会社）
取材／中山み登り
校閲／滄流社
編集／足立昭子